La peau du silence

Martine Salmon

Les souffleurs de vers
Editions

La peau du silence
Martine Salmon

ISBN 978-2-9592216-4-4

Impression : Libri Plureos GmbH, Friedensallee 273,
22763 Hamburg (Allemagne)
Editions Les Souffleurs de vers

Dépôt légal : Novembre 2024

Préface

(La peau du silence). RuineS. Fleurs qui s'impriment à flanc de pierres. Mémoire parcellaire, réminiscence des temps de foudre. Le corps invoque, évoque, complète les manques, comble les vides. Un mouvement, un autre, toute une grammaire de gestes. La poésie creuse, exhume un royaume enfoui, fixe la pierre, accroche la lumière, articule des ponts, des pans, entre le vivant et le défunt. Danser à travers soi, devenir fantôme sous les voûtes écroulées, être la sorcière et la sainte, se parer de clarté et ménager les ombres. Au cœur d'un dispositif qui encercle, créer son propre cercle, sa propre spirale. Les ruines sont un espace lisse, qu'il convient de strier, de baliser sans jamais le circonscrire totalement pour que l'imprévu jaillisse, fasse naître des collisions, entre les vêpres médiévales et les satellites, entre les pilastres amputés et les vertèbres qui glissent. Danser, creuser. Creuser, danser. Parfois le corps est immobile, alors ce sont les ruines qui bougent. Capter jusqu'à la buée du souffle, puis se laisser guider vers le ciel d'une simple inflexion de la main. En noir et blanc, à mesure que le jour baisse et jusqu'à l'épuisement des signes.

Tant de siècles passés
Sur tes murs écorchés
Dans ta robe de pierre
Une Vierge en guenilles se dresse
A son décolleté
Des colliers de galets amassés.
A son sein l'enfant accroché
S'allaite au festin des éléments …

(La peau du silence). RuineS est une oraison magnifique. Il m'offre tout ce que j'attends du poème, le mystère, le rythme, le mouvement. Comme toute offrande véritable, la poésie de Martine Salmon, appelle un retour. Donne et on te donnera. Écris et donne envie d'écrire. Comment ne pas penser à Charles Péguy, celui du Porche du mystère de la deuxième vertu, dans cette solennité familière, ce dépouillement devant la grandeur de la création.

(La peau du silence). RuineS est un texte important. Sacré, intemporel. Un texte où je me cogne et me reflète. Un texte qui se hisse à des hauteurs insoupçonnées, toujours à portée de cœur.   Julien Delmaire

Au croisement des chemins

Un vaisseau de pierre a jeté l'ancre

Nef échouée étalant sa croix

Corps allongé, bras ouverts

Corps crevé par les abcès du temps

Corps libre

Corps avide d'air, de lumière et de vent

La mélopée des souffles

Mourir
Une autre façon de fleurir

                              Mort

                         Absence d'air

                      Carence de souffle

        Mort

              Absence de terre

                   Carence de chair

              Mort

                   Absence de pierre

                        Carence d'os

                 Mort

                      Absence d'eau

                           Carence de sang

                    Mort

                         Absence de feu

                              Carence d'esprit

Corps

Univers
Cueillir un corps
Emprunt, empreinte
Emprunt d'un corps à la terre
Empreinte d'un corps sur l'univers
Sans détour, le décompte est sans retour
Jours et corps à rebours, décompte des jours
Dans les corps en route vers la nuit naissent les ruines
Dans les veines tourne la roue du temps coule la roue des jours
Le temps broie les corps de chair et de sang et d'os et de feu et d'eau
Le temps broie ce corps de pierre et de terre et de sueur et d'eau et de vent
La mort du corps épine plantée dans la chair au décompte des jours
Chaque expiration est comptée chaque inspiration est comptée
Traversant son corps de pierre ouvert à ton corps de chair
Le jour effleure l'indicible senteur animale du vent
Entends tous les secrets dans le chant de l'alizé
Soleil levant sur le décompte des jours
Longtemps avant la ruine du corps
Sang volcanique brûlant l'âme
Décompte des souffles
Corps et souffle

Ruines

Ruines

Corps de pierre éclaté
Coupoles thoraciques aux poumons crevés
Violon brisé

Ruines

De toute part
Le vide de ton corps appelle de nulle part
La mélopée des souffles
Souffle du néant
Chant de l'espace
Souffle divin
Chant du défunt
Souffle du vivant
Son du souffle, souffle du vent
Le souffle chemine vers l'ombre
L'ombre de tes ruines

Ruines

Le souffle du vent te saisit
De mille caresses
Affole ta peau de pierre
Entre tes failles joue à cache-cache, jamais ne se calme
Son du souffle, souffle du vent
Le vent siffle
Gifle tes cicatrices ouvertes
Fou, le vent joue à l'arrête rocheuse de tes joues
Brûlant, se nourrit à tes plaies
Enflamme tes arches brisées
Ruisselle à tes pans de murs
Expire à tes arcades immobiles
Épuise tes pierres, érode ton corps

Ruines

Peu à peu le vent efface ton nom

Ruines

Au cœur des volcans

Jusqu'à la fin des temps

Dans ta chevelure de pierre

Le vent ton amant, souffle venu du néant

Chaque jour

Dépose

Une couronne de souffle et de vent

Printemps

Le vent

De l'aurore

Chuchote à tes murs

L'inlassable danse des pollens

<table>
<tr><td>

Hiver

Le vent

Des cratères

Crache sur tes murs

Un froid de glace

</td><td>

Été

Le vent

De la pleine lune

Claque sur tes murs

La blancheur de la craie

</td></tr>
</table>

Automne

Le vent

Des forêts

Gifle tes murs

D'épines rouilles

Du son   Du souffle

                    Souffle du vent
Du souffle   Du son

                Son de la Burle dans le souffle

        Du son   Du souffle

            Son du souffle, le vent orchestre les saisons

Du souffle   Du son

                Le souffle du vent ourle tes pierres

        Du son   Du souffle

                Tes lèvres de granit gercées hurlent

Du souffle   Du son

            Dans le souffle de glace, les corbeaux croassent noir

        Du son   Du souffle

                Le vent aiguise l'hiver à tes fenêtres ouvertes

Du souffle   Du son

            Le presque rien d'un écho lointain, des cantiques oubliés

        Du son   Du souffle

                Le son d'un souffle grégorien

Du souffle   Du son

Tes murs flamboyants
Tes murs mourants
Tes murs ont la lèpre du temps

Ossature du temps

Tant de siècles passés
Sur tes murs sacrifiés
Un lézard
Se réchauffe à tes pierres

Ossature du temps

Tant de siècles passés
Sur tes murs blessés
Tant d'assauts de temps
De soleils couchants
De la terre au ciel
Tant d'unions célébrées
Au secret de l'axe
Enfermée entre tes murs`
La brûlure

Ossature du temps

Tes murs
Vêtement de pierre
Taillé à la mesure d'une prière
Coutures lacérées
Au frottement de l'Ossature

Ossature du temps

Tes murs de parements
Plaqués au silence des forêts
Libèrent les pierres emmurées
Prisonnières dans l'ourlet des siècles
Aveugles cherchant à revoir le jour naissant
Sous la caresse du vent

Ossature du temps

Tant de siècles passés
Sur tes murs écorchés
Dans ta robe de pierre
Une Vierge en guenilles se dresse
A son décolleté
Des colliers de galets amassés.
A son sein l'enfant accroché
S'allaite au festin des éléments

Ossature du temps

Tant de siècles passés
Sur tes murs éventrés, jaillissent
Des cascades de pierre
Des cratères aux mâchoires édentées
Des vomissures d'arrêtes rocheuses
D'étranges roses de granit
Penchées sur le vide.
Des glycines de gneiss
Accrochées au ciel
En grappes de roches agglutinées.

Ossature du temps

Tant de siècles passés
Au flanc de tes verticales, fleurissent
Des visages imaginaires
La rose des vents
Et toutes fleurs
Prêtes à faner sous l'assaut du temps

Tandis qu'une main invisible
Retient leur chute promise

Tandis qu'entre tes pierres
L'herbe a soif

Plexus parcouru de brume et
de vent, là, où les nuages
guérissent les plaies du temps

Requiem

Au cloître de l'esprit
La nuit, au milieu des ruines
Un homme marche dans l'abbaye
Sa chair est de pierre, et pourtant il marche
Regard fier, il arpente les lieux, veille sur les ruines
Le balancement de ses bras, de ses jambes rythme sa marche
Sa chair de pierre est blessée. L'homme est scindé. Plexus entaillé
Au-dessus de la taille un vide, une faille, absence de pierre, chair absente
Faille de vide. Vide de pierre. Faille scindant le corps.   Et pourtant il marche

Plexus parcouru de brume et de vent, là, où les nuages guérissent les plaies du temps

Sans répit, l'homme brisé marche entre pilastres et chœur, entre chœur et chapelles
Entre chapelles et enfeus, entre enfeus et puits, entre puits et cloître, il divague
Entre cloître et réfectoire, entre réfectoire et tour, entre tour et narthex
Entre narthex et absides, entre absides et pilastres disloqués
Tranché dans sa chair de pierre, l'homme brisé marche
Son esprit arpente la terre de son corps de pierre
À son plexus un nuage traverse la faille
Ciel obscur de l'humanité
Sa marche comme

Une prière

Naître

Être
Et
Mourir
Être
Mort
Être
Longtemps avant de naître
Être
Naître et être
Être
Père
Être
Mère
Être
Vierge
Être
Une terre vierge à l'être
Naître
À la main de l'homme
Naître
Au monde
Naître
Au ventre de la femme
Naître
Mettre au monde
Naître
À l'air
Naître
Au lieu du corps
Naître
À l'être
Naître
Au lieu de pierre
Naître
Au lieu d'être
Au lieu de l'être
Naître
À l'étendue du possible de l'être
Naître
À la fracture du temps

Naître

Être
Et
Mourir
Être
Mort
Être
Longtemps avant de naître
Être
Naître et être
Être
Père
Être
Mère
Être
Vierge
Être
Une terre vierge à l'être
Naître
À la main de l'homme
Naître
Au monde
Naître
Au ventre de la femme
Naître
Mettre au monde
Naître
À l'air
Naître
Au lieu du corps
Naître
À l'être
Naître
Au lieu de pierre
Naître
Au lieu d'être
Au lieu de l'être
Naître
À l'étendue du possible de l'être
Naître
À la fracture du temps

Naître

Au mouvement des éléments
Naître
Au dessein du lieu de l'être
Naître
Mettre l'être au centre du corps
Naître
À la prière
Naître
Assouvir la soif de l'être
Naître
Au regard de Dieu
Naître
À la gravité de la pesanteur
Naître
Au silence du chant
Naître
À la Terre notre mère
Naître
Être sur la terre
Naître
À l'enfantement de l'être
Naître
Au temps vierge de l'être
Naître
Nourrir le fruit de l'être
Naître
Louer l'être
Naître
Respirer l'univers
Naître
Danser sous les étoiles
Naître
Blotti au flanc des volcans
Naître
À la nuit prochaine
Naître
Goûter le fruit de la mort
Naître
Immobile au bord d'une rivière

Naître

Au mouvement des éléments
Naître
Au dessein du lieu de l'être
Naître
Mettre l'être au centre du corps
Naître
À la prière
Naître
Assouvir la soif de l'être
Naître
Au regard de Dieu
Naître
À la gravité de la pesanteur
Naître
Au silence du chant
Naître
À la Terre notre mère
Naître
Être sur la terre
Naître
À l'enfantement de l'être
Naître
Au temps vierge de l'être
Naître
Nourrir le fruit de l'être
Naître
Louer l'être
Naître
Respirer l'univers
Naître
Danser sous les étoiles
Naître
Blotti au flanc des volcans
Naître
À la nuit prochaine
Naître
Goûter le fruit de la mort
Naître
Immobile au bord d'une rivière

Naître

À l'humanité

Naître

Être

Et

Mourir

Être

Mort

Être

Ruines

Mort et vide.
Vide de vie. Mort et vide. Vide de sens.
Mort et vide.
Vide de vie.

La pierre goûte l'ambroisie

Être
Coudre les cycles du temps

Cycle

Cycle de vie et de vide

Sur les murs spirale de vide et de vie

Spirale de vie qui se dévide sur les murs austères

Trajectoire de vide propulsée sur les arches, la courbe file

Mouvement perpétuel d'un cercle de vie déployé. L'œil ruisselle

L'œil glisse le long de sa course éternelle. Sombre rouge de la ligne qui court

La courbe de vide et de vie serpente entre les pierres claires, chante aux ouvertures

Le cycle de vie tend les voûtes, sphère de vide ou coquille brisée, caverne matricielle

Sur la terre matrice d'un ciel à venir. En surplomb du ruisseau trois pétales de vie et de vide. Trois pétales irradient pour nervure une longue entaille verticale qu'ensemence le soleil

Soleil levant, à l'orient de trois chapelles irradiantes pour un autel de vie effondré

Anneaux rouges empilés, serpent dressé, dans sa gueule un feuillage de pierre.

Chaos au pied de la croix. Mémoire d'une forêt où dérape la verticale

Entre les mâts disloqués, les chardonnerets picorent des miettes

Miettes de prière dans la spirale de vie qui se dévide

Apothéose du cercle qui jamais ne se referme

Au creux de l'hostie croquée par les astres

Le ciel à atteindre s'y dépose

De cercle en cercle

De cycle en
Cycle

La chair de glaise vomit l'os de la terre

Loin du cœur brûlant des volcans

Pas la peine d'inciser la chair

Inutile de creuser carrière

Pétrie du feu intérieur

La pierre affleure

Volcanique

Fruit mûr

À

Cueillir

Basalte

                                        Granit

Sous l'effusion végétale
Chaos de chair et d'os mêlés
À l'ombre des fougères
Enchevêtrement de plaies

Basalte

                                          Granit

À l'ombre des figuiers
Le temps aux arrêts
Crache l'amorce
De l'astragale

Basalte

                                          Granit

Croûte minérale
Débris de squelette
Sternum esseulé
Organique épine dorsale

Basalte

                                          Granit

Omoplate de lauze grise
Rouge rhyolite
La terre régurgite
À sa peau
Une offrande

Basalte

                                          Granit

Bâtisseurs

La pierre foisonne

Aux hanches de la terre
La pierre dessine l'abondance
Goûte l'ambroisie
Près de l'asphodèle
À l'ombre d'un framboisier
L'homme prélève la roche

Bâtisseurs

La pierre s'abandonne

D'un coin de hêtre gorgé d'eau
L'homme fend la pierre
Ouvre la chair irrégulière
Sous le maillet, les ciseaux, les gouges
L'homme libère la forme
Sculpte, assemble

Bâtisseurs

La pierre rayonne

Au ciel, l'homme jette l'ancre
Entre les nuages la proue file
Au firmament, la nef roule
Naissance d'une abbatiale

Bâtisseurs

La pierre exulte

Le souffle divin
Fait prisonnier aux mailles des voûtes
S'aiguise à l'arche des cantiques
À l'oculus
L'œil de l'Unique se penche
D'une lame de lumière descelle l'ombre
Au crépuscule
Côtoie l'ambre du soleil
Miel répandu au creux des chapelles

Axe

Terre Ciel

Corps en mouvement

Du Ciel à la Terre, de la terre au ciel

Frénésie des pieds foulant l'herbe verte

Le corps, sommet de la tête poussé loin de la terre

Debout, l'homme tourne, un pied s'ouvre, l'autre se ferme

L'homme, une paume de main ouverte à la terre, l'autre offerte au ciel

Le corps suit, le corps tourne autour d'un point, ouvre, ferme le cercle, ouvre

Le corps renouvelle le cercle, cercle après cercle, tourne, ferme, ouvre le cercle

Le corps s'allonge, le corps épouse la verticale, l'énergie de la terre s'élève vers le ciel

Ouvre le cercle, cercle après cercle, lentement l'énergie du ciel s'écoule vers la terre

Le corps uni aux énergies du ciel et de la terre efface tout début, efface toute fin

Le cercle en transe dissout les repères, efface les frontières, annule les opposés

Regard loin, bras ouverts, le corps est traversé par la terre labouré par le ciel

Relie le Nord au Sud, l'Est à l'Ouest, le haut et le bas en un seul espace

Un seul espace, la sphère, graine de toute vie, début de tout cycle

Transe, le corps en transe, mystique le corps s'étourdit

Crée et recrée la sphère, l'espace devenu liquide

La sphère, fruit de l'Axe Terre Ciel

Eau matricielle d'un corps

D'un corps en prière

Debout sur l'
Axe

Axe

Terre Ciel

Corps en mouvement

Du Ciel à la Terre, de la terre au ciel

Frénésie des pieds foulant l'herbe verte

Le corps, sommet de la tête poussé loin de la terre

Debout, l'homme tourne, un pied s'ouvre, l'autre se ferme

L'homme, une paume de main ouverte à la terre, l'autre offerte au ciel

Le corps suit, le corps tourne autour d'un point, ouvre, ferme le cercle, ouvre

Le corps renouvelle le cercle, cercle après cercle, tourne, ferme, ouvre le cercle

Le corps s'allonge, le corps épouse la verticale, l'énergie de la terre s'élève vers le ciel

 Ouvre le cercle, cercle après cercle, lentement l'énergie du ciel s'écoule vers la terre

Le corps uni aux énergies du ciel et de la terre efface tout début,   efface toute fin

Le cercle en transe dissout les repères, efface les frontières, annule les opposés

Regard loin, bras ouverts, le corps est traversé par la terre labouré par le ciel

Relie le Nord au Sud, l'Est à l'Ouest, le haut et le bas en un seul espace

Un seul espace, la sphère, graine de toute vie, début de tout cycle

Transe, le corps en transe, mystique le corps s'étourdit

Crée et recrée la sphère, l'espace devenu liquide

La sphère, fruit de l'Axe Terre Ciel

Eau matricielle d'un corps

D'un corps en prière

Debout sur l'
Axe

Au Narthex de ton abside
Femme debout
Au ralenti
J'ai grandi
Face au tympan
Femme debout
Géante devenue
Femme debout
Regard placé
À l'oculus
Du vaisseau de pierre
Lentement
De tes ruines
Je veux saisir l'immensité
Lentement
Sur ton ventre de terre tiède
J'approche mon corps
Rapproche ma chair contre ta chair
Lentement
Je plie mes genoux
Ma colonne vertébrale s'infléchit
Lentement
Sur tes dalles
Je dépose mes hanches
Saveur d'herbe verte
Lentement
Entre les pissenlits
Petits soleils
Pour un lit de brin d'herbe
Et de pierre
Lentement
Au ralenti, vertèbre après vertèbre
Je déroule mon dos

Journée des pissenlits

Au Narthex de ton abside
Femme debout
Au ralenti
J'ai grandi
Face au tympan
Femme debout
Géante devenue
Femme debout
Regard placé
À l'oculus
Du vaisseau de pierre
Lentement
De tes ruines
Je veux saisir l'immensité
Lentement
Sur ton ventre de terre tiède
J'approche mon corps
Rapproche ma chair contre ta chair
Lentement
Je plie mes genoux
Ma colonne vertébrale s'infléchit
Lentement
Sur tes dalles
Je dépose mes hanches
Saveur d'herbe verte
Lentement
Entre les pissenlits
Petits soleils
Pour un lit de brin d'herbe
Et de pierre
Lentement
Au ralenti, vertèbre après vertèbre
Je déroule mon dos

Journée des pissenlits

Journée des pissenlits

Aux reins de ta voûte
Lentement
Ma chair s'écoule
À ton berceau
Jambes, sexe, dos
Au centre de ta nef
S'étale l'eau lourde
D'un fleuve de chair et de sang.
Lentement
Mes omoplates s'épanchent
Mon dos s'étale
Lentement
À la croisée des corps
Mes bras se déploient
Solaires
Mes ailes ouvertes en croix
Mes bras au chœur de ton chœur
Confient mon cœur
Au regard
De ta coupole absente
Lentement
Je dépose ma tête
Unique
Unique planète
Sous la sphère de ton ciel
Mon corps abandonné
À ton ventre de terre tiède
Lentement
Entre tes rives
Au chœur du vaisseau de pierre
Je m'envole
Je vole vers ton univers
Navire où chavire mon esprit

Journée des pissenlits

Aux reins de ta voûte
Lentement
Ma chair s'écoule
À ton berceau
Jambes, sexe, dos
Au centre de ta nef
S'étale l'eau lourde
D'un fleuve de chair et de sang.
Lentement
Mes omoplates s'épanchent
Mon dos s'étale
Lentement
À la croisée des corps
Mes bras se déploient
Solaires
Mes ailes ouvertes en croix
Mes bras au chœur de ton chœur
Confient mon cœur
Au regard
De ta coupole absente
Lentement
Je dépose ma tête
Unique
Unique planète
Sous la sphère de ton ciel
Mon corps abandonné
À ton ventre de terre tiède
Lentement
Entre tes rives
Au chœur du vaisseau de pierre
Je m'envole
Je vole vers ton univers
Navire où chavire mon esprit

Journée des pissenlits

Prière

Prière dans les plis
D'une robe de pierre

Naître
Mémoire de chair

Enchevêtrement des êtres

Maillage

Maillage des corps

Enchevêtrement des êtres

Organique emprunt à la terre. Fœtus

Fœtus incurvé, incrusté à l'utérus des possibles

Apesanteur du geste amniotique. Origami des plis de la vie

La vie s'organise. Position fœtale. Corps primordial, du corps à peine corps

Corps lové dans un corps. Atemporel entre chair et lumière dans la sphère de l'esprit

Sphère de l'esprit, au creux du corps, la pensée imagine un repli entre deux corps

Entre pierre et lumière, un corps replié au creux de la terre, sous le ciel

Au pli d'un ruisseau, au pli d'une forêt. Un nid de prière

Prière dans les plis d'une robe de pierre

Enchevêtrement des êtres

Maillage des corps

Maillage

Corps   à   Corps

Corps   du lieu, lieu du   Corps

Corps   de pierre, chair du   Corps

Corps   en ruine, ruine du   Corps

Corps   arides, rides des   Corps

Sur le Mas d'Adam

Mazan

Nuit.

Juste avant la nuit, un ciel enflammé pleure la perte du jour. Crépuscule des limaces noires, prêtresses de la nuit prophétisant l'ombre à venir. Entre les brins d'herbe verte, bientôt, leur peau humide se gorgera d'un rayon de lune. Au cœur de la galaxie, course vers la nuit, la terre tourne. Nuit, sur les ruines de l'abbaye. Les mâchoires édentées mordent un bout de ciel. Sombre buvard buvant peu à peu l'encre de la nuit. Absorber la profondeur du noir. Noir, toujours plus noir. L'air s'épaissit, la nuit s'alourdit, ferme les portes des ruines. Ivres de nuit, les chauves-souris titubent sous les voûtes. Le cœur insondable de la nuit palpite. Une pulsation frappe la peau du silence. Tambour de la nuit. Fracture de l'obscur. Un cri d'oiseau se plaque à l'épaisseur des ténèbres. Se décolle arrachant à la nuit un morceau de chair. Vorace, la cicatrice referme l'espace. La nuit reprend son souffle. Au berceau d'une voûte, sur la toile tendue d'ombre, le firmament accroche un diamant. La course des astres veille les sources endormies. Une goutte de sang brille sur la Nuit.

Corps cambré, creusé, crampe

Crampe à tes reins voûtés cassés

À tes reins cassés, muscles tendus

Muscles tendus, crampe, arc de chair

Chair de pierre traversée de lumière

Lumière, griffure sur tes nervures

Sur tes nervures de pierre, l'absence

L'absence s'agrippe aux coupoles

Coupoles crevées à l'autel du sacrifice. Sur le pilastre s'écoule un sang de craie. Sang de craie, veines d'un feu blanc. Feu blanc enfoui dans la mémoire

Mémoire de cendre sur ta peau rugueuse

Sur ta peau rugueuse des flammes d'ombre

Des flammes d'ombre, des lames de lumière

Lames de lumière sur l'ossature de la nuit

La nuit noire s'aiguise à chaque voussoir

À chaque voussoir la nuit agonise et pleure

Fleurs de rosée sur la peau de tes ruines

Corps cambré, creusé, crampe

Crampe à tes reins voûtés cassés

À tes reins cassés, muscles tendus

Muscles tendus, crampe, arc de chair

Chair de pierre traversée de lumière

Lumière, griffure sur tes nervures

Sur tes nervures de pierre, l'absence

L'absence s'agrippe aux coupoles

Coupoles crevées à l'autel du sacrifice. Sur le pilastre s'écoule un sang de craie. Sang de craie, veines d'un feu blanc. Feu blanc enfoui dans la mémoire

Mémoire de cendre sur ta peau rugueuse

Sur ta peau rugueuse des flammes d'ombre

Des flammes d'ombre, des lames de lumière

Lames de lumière sur l'ossature de la nuit

La nuit noire s'aiguise à chaque voussoir

À chaque voussoir la nuit agonise et pleure

Fleurs de rosée sur la peau de tes ruines

Appuyé à l'obsidienne des corps

Le présent se délave

Entre les pierres
Une flaque de temps oublié

À son miroir
L'instant vivant se fracasse

Sur les ruines

L'anamorphose des corps à venir

Corps

Corps   replié   Corps

Corps   fœtus retrouvé   Corps

Corps   lové et poudré de craie   Corps

Corps   dans l'instant d'argile blanche   Corps

Corps   le thorax ouvert trace une larme de lait   Corps

Corps   la gorge brûlante boit la lumière de l'orage   Corps

Corps   le plexus dégrafe l'ombre en convulsion de louange   Corps

Corps   dans l'offrande vibre la polyphonie des anges   Corps

Corps   épouse les os de la terre et inspire le ciel   Corps

Corps   une corolle entre pierres et prières   Corps

Corps   lové sur le sein de la pierre   Corps

Corps   caresse la prière   Corps

Corps   ému   Corps

Corps

Danser

                    Froisser le papier

La voix comme une écorchure

        Le geste comme un refuge

                La peau contre l'espace

Être vivant

        Être présent

                Brûler les mots

                        Au secret de l'âme

Entre les doigts

Au creux des paumes

Presser les mots

Goutte à goutte

L'encre tombe

Les lettres se vident

Ne laissant que l'idée orpheline

Tomber au fond du corps

Et la mélodie

Glisser le long des cheveux

Au fond de la chair

Les mots font silence

Ne sont plus que souffle

Une vibration d'émotion

Sommaire

Préface de Julien Delmaire

La mélopée des souffles
Mourir, une autre façon de fleurir

La pierre goûte l'ambroisie
Être, coudre les cycles du temps

Prière dans les plis d'une robe de pierre
Naître, mémoire de chair

Texte de Martine Salmon

Photos de Matthieu Dupont
Tous Droits Réservés

Martine Salmon est invitée en Ardèche par l'association « Le Golem »,
dirigée par Julien Delmaire, à conjuguer « Land Art » et « Poésie » autour
des ruines de l'abbaye de Mazan lors d'une résidence d'écriture.

Naissance ou prolongation des mots, la rencontre entre l'auteur Martine
Salmon et le photographe Matthieu Dupont va permettre de déployer et
d'inscrire le corps dansant dans les ruines.

Gratitude

Une pensée toute particulièrement émue pour le photographe Matthieu Dupont. L'édition de ce recueil a pris du temps et en 2022 le temps a pris en embuscade la vie de ce merveilleux photographe. Je suis donc très touchée de participer à la finalisation d'une partie de notre projet commun, notamment de semer le texte de quatre belles photographies. Je rêve que sa femme et ses enfants y voit un hommage à ses qualités artistiques et une gratitude immense face à la magnifique moisson d'images qu'il a laissée sur la peau du silence.

Remerciements

L'auteur adresse ses plus vifs remerciements à Julien Delmaire, écrivain poète et romancier pour son invitation et sa totale confiance. Chaleureux remerciements à mon éditrice et poétesse Léa Cerveau qui n'a de cesse de donner vie à la poésie afin de nourrir les cœurs, les âmes et l'esprit du rêve. Remerciements à Matthieu Dupont pour sa magnifique collaboration artistique. Remerciements à Georgia Robin pour son accompagnement bienveillant, à Gaëlle Jeannard pour son soutien fidèle et professionnel, à l'équipe de la bibliothèque de Montpezat-sous-Bauzon pour leur accueil. Remerciements à Karim Feddal pour son accompagnement dans la création d'une performance à deux voix de ce texte. Remerciements à mes merveilleuses filles Gwennaëlle et Maïna, à mes proches Oliver, Paola, Anton, Maati, Nassim, Ilyas pour leur sourire et leur soutien indéfectible.

Contact éditeur : direction@lessouffeursdevers.fr

La maison d'édition Les souffleurs de vers est une structure
associative qui œuvre pour la diffusion de l'art poétique à travers
l'édition de livres et les activités de la Maison des Poésies du Centre.

Vous pouvez nous soutenir en faisant un don et/ou en adhérant à
notre association.

Pour cela vous pouvez consulter notre site internet
www.lessouffeursdevers.fr